DISCOURS

L'IMPORTANCE DE REMÉDIER AUX ABUS

DE LA PRESSE.

PAR J. F. REINHARD.

Sepulcrum patens est guttur eorum.
. . . .
Venenum aspidum sub labiis eorum,
Quorum os maledictione et amaritudine
plenum est.

PARIS,

Ponthieu, *Libraire,*

Palais Royal, Galerie de Bois, n.° 255;

Et les Marchands de Nouveautés.

—

1827.

Versailles, Imp. de Vitry.

A S. Exc. Mgr

le Ministre de l'Intérieur.

Monseigneur,

Si le dévouement d'un Sujet pour la cause de son Dieu et de son Roi mérite quelque bienveillance, que Votre Excellence me permette d'espérer qu'elle ne verra pas avec déplaisir que j'aie osé mettre son nom à la tête de cet écrit. Je suis le premier, Monseigneur, à le juger indigne de vous être présenté; mais quand il s'agit, pour la première fois surtout, de donner une preuve éclatante de son zèle, à qui peut-on mieux en faire hommage, si ce n'est à un des plus grands et des plus zélés

Ministres de Sa Majesté. Si Votre Excellence.
daigne l'agréer avec bonté, ce sera pour moi un
noble encouragement, et le motif le plus puissant
de me montrer, en toute occasion, avec un profond
respect, Monseigneur,

'De Votre Excellence,

Le très-humble et le très-reconnaissant
serviteur,

J. F. Reinhard.

DISCOURS

SUR

L'IMPORTANCE DE REMÉDIER AUX ABUS

DE LA PRESSE.

Nous touchons enfin au moment d'une heureuse révolution dans la littérature. Une loi importante, provoquée par des abus infinis, vient rendre aux lettres l'éminent service de les tirer de ce rang abject où les avaient confondues des hommes passionnés dans leurs principes et dans leurs opinions. Enveloppées, depuis long-temps, des vapeurs pestilentielles de la satyre, de l'ironie, de l'immoralité, les productions du génie étaient comme éclipsées par une foule de libelles et de brochures frivoles et destructives. La littérature était menacée d'éprouver l'anarchie la plus désastreuse ; aujourd'hui, on lui rend l'existence, on la replace au rang d'honneur qu'elle doit occuper dans le monde ; on ôte devant elle tout ce qui pourrait nuire à son développement et à sa gloire.

Quel heureux avenir se déroule aux regards de

l'homme judicieux et érudit ! Rien n'entravera plus son talent, si, fidèle aux devoirs que lui impose la société, il n'a d'autre prétention que d'éclairer et d'instruire ses concitoyens ; alors, il sera vraiment libre de parler le langage de la vérité et de la raison ; alors, la vertu, la religion, et les lois recevront de sa bouche l'éloge flatteur qu'elles méritent et qu'on leur refuse.

Certes, la littérature ne s'est jamais vue avec autant d'entraves que depuis que les funestes productions enfantées dans le délire d'une politique trop libre, jettent sur les écrits et les personnes les plus recommandables, le sel amer de la dérision et du ridicule ; tous les principes, toutes les opinions, toutes les pensées sont mises à découvert ; tout ce dont est capable d'imaginer l'homme, au plus fort des passions et de la corruption, est mis à nu de la manière la plus indécente ; tout ce qu'un État a de plus sacré, ses magistrats et ses prêtres, tout ce que la morale a de plus précieux, les gens de bien, a été attaqué et voué au mépris. On appelle une telle licence, liberté. Ciel ! quelle liberté que celle qui autorise à dire tout haut, et à tout le monde, tout ce qui se présente indistinctement à l'esprit ! Cette liberté est contraire à toutes les lois des sociétés et des gouvernemens ; elle est opposée à tous les principes de la civilisation, et sans parler des maux infinis qu'elle fait à la religion, elle est destructive de tout bonheur et de toute tranquillité publique. Les conséquences d'une telle liberté sont effroyables ; et mieux vaudrait vivre au milieu des forêts, parmi les bêtes féroces, que dans un gouvernement voué à une telle indépendance.

Le génie a-t-il besoin de cette trop funeste liberté pour produire à la face du monde, ces éclairs brillans qui répandent partout une glorieuse lumière? Sera-t-il plus à l'étroit, quand on aura mis un juste frein aux abus de la Presse? Non ; il est faux d'avancer que la loi qui réprime cette licence soit le tombeau du génie. Une loi qui réprime les excès est-elle pour cela destructive...? Un maître qui corrige un travers d'esprit est-il le destructeur de l'esprit..? L'être généreux et charitable qui retient le jeune homme prêt à se précipiter dans l'abîme de ses désirs et de ses passions, est-il son bourreau, son meurtrier, son oppresseur?

Les lettres, à cause de l'influence générale qu'elles exercent sur les esprits, ont besoin d'être soigneusement surveillées, d'être suivies pas à pas ; car telle est la déplorable nature de l'homme, qu'une chose excellente devient bientôt, entre ses mains, pernicieuse et funeste. Sorties des bornes de l'utilité et de la raison, comme tout ce qui n'a ni frein, ni limite, elles n'offrent plus que l'affreux aspect d'un torrent dévastateur, qui roule dans son limon fangeux les débris des monumens ou des arbres qu'il a déracinés;

encore quelques instans et peut-être tout sera détruit, et peut-être le trône sera renversé, la religion proscrite, la morale outragée. En effet, la liberté illimitée tend à toutes ces choses; il ne faut
pas croire que ses vues soient courtes, ses desseins
de peu d'importance ; sans doute, elle vous le dira;
mais, le mépris qu'elle témoigne pour ce qu'il y a
de plus sacré, nous montre assez quel est le sé-
pulcre affreux que réserve à la vertu l'indépendance dont elle se glorifie.

Ces trames, nous les voyons, ces maux nous les
sentons, ces craintes nous les éprouvons, et cependant, à la vue du danger qui nous menace, chacun
fuit, chacun s'épouvante, et, dans le trouble où
sont tous les esprits, chacun court, par un aveu-
glement déplorable, se jeter dans les rangs des ennemis de l'autorité. Quoi ! vous aussi, illustre com-
pagnie, honneur des lettres françaises, vous fuyez !
ce parti qui veut tout envelopper dans l'anarchie,
vous fait trembler ! Ce jour cependant était beau
pour vous ; une victoire glorieuse vous était offerte,
et quand on propose de terrasser ceux qui entra-
vent la littérature, qui sont ceux qui doivent le
plus se féliciter d'une mesure si sage, si ce n'est le
corps qui, par son institution, doit veiller si dili-
gemment à la conservation des lettres ? Hommes
timides et de peu de foi ! vous défiez-vous de l'auguste Monarque qui gouverne la France ! le soup-

(9)

çonnez-vous d'être moins zélé pour la gloire de notre patrie, que ne l'ont été François Ier et Louis XIV. Qui sont ceux qui menacent les lettres? Qu'avez-vous à redouter? folie! fantôme d'esprits prévenus!

Il est vraiment digne de remarque, et déjà plusieurs l'on faite, qu'un corps éclairé, tel que l'Académie Française, se soit ainsi laissé terrorifier par une crainte imaginaire [1]. Ne serait-on pas tenté de penser, en voyant son trouble, qu'on menace son existence, que l'autorité veut l'anéantir, que la loi tombe sur elle seule, et que désormais aucun de ses membres ne pourra mettre au jour le fruit de ses talens et de ses veilles? Elle est la première à se lamenter d'un coup qui ne saurait la regarder, ni l'atteindre. Quoi! elle s'effraye de ce qu'on veut extraire, en bonne forme, de notre littérature, toutes les productions inutiles qui fourmillent aujourd'hui partout! Quoi! elle pâlit à la vue des menottes que l'Autorité prudente vient mettre aux mains des compositeurs de romans infâmes! Eh! quel rapport peut-il y avoir entre ces ouvrages futiles et dangereux, avec les productions d'un académicien? En vérité, *y conçoit-on rien!* Je veux que l'impression d'un manuscrit devienne onéreuse et difficile; je veux que, suivant la mesure

---

(1) *Illic trepidaverunt timore ubi non erat timor.*

rigoureuse que prend en ce moment l'Autorité, le nombre des écrivains soit limité : que fait tout cela à l'Académie? Dépositaire de la science, peut-elle voir sans indignation les étranges abus que l'on fait de l'esprit, et l'espèce de prostitution à laquelle on a soumis les lettres! Ah! certes, si quelqu'un devait élever la voix, c'était l'Académie Française, qui a un si grand intérêt à ce que la littérature ne soit ni souillée, ni avilie!

Lorsque l'on verra réduits au silence ces auteurs trop fameux parmi nous par leur fausse philosophie, et par la morgue audacieuse de leur esprit, croira-t-on pour cela que le génie est éteint en France ; que les lettres y sont sans vigueur, et que la littérature y est anéantie! lorsque l'on verra que les moyens de séduction sont devenus plus rares ; lorsque la Religion et la vertu auront repris leur empire, se croira-t-on perdus et dégradés? Ne serons-nous pas, au contraire, plus propres au travail, plus appliqués aux méditations de la sagesse, et plus sainement soigneux des affaires de l'État? S'il pouvait en être autrement, il faudrait renoncer à gouverner un peuple, il faudrait même que le peuple renonçât à vivre en société.

La littérature ne peut que gagner, suivant les mesures que l'on projette ; elle a besoin d'être épurée ; il est nécessaire que l'on éclaircisse ses rangs et que l'on sépare le génie d'avec ce qui n'en a que la fatuité. Nous n'avons point d'autre moyen de la sauver du triste naufrage dont la menacent les flots agités des opinions politiques, et il ne nous reste plus que des larmes pour déplorer son malheur, si elle sort vaincue de la lutte mémorable qui s'engage aujourd'hui.

Laisser les lettres sur le pied où elles sont en ce moment! Grand Dieu! à quoi devons-nous nous attendre! Quelle littérature, que celle qui n'a de frein qu'une imagination trop libre et trop vagabonde! On veut donc faire le mal ouvertement et impunément! Car, me dira-t-on quel bien peut faire un écrit que ne gouvernent ni la raison, ni les règles mêmes de la bienséance! qui n'a d'autre guide que son orgueil et son intérêt personnel! L'écrivain pouvant tout oser, quelles considérations honnêtes peuvent le retenir, et puisqu'il n'a rien à perdre ni à gagner, pourquoi ne suivrait-il pas les caprices et les passions de son esprit?

Cette liberté illimitée de la Presse est un outrage fait à la Société. En effet, qu'y a-t-il de plus honteux que de pouvoir dire, à la face du monde entier, ce que l'usage et le bon ton défendent de dire publiquement à quelqu'un; de pouvoir démentir les dogmes de la religion et de la morale, et de pouvoir enfin corrompre d'une manière d'autant plus déplorable qu'il n'y a point de remède contre ce mal?

Laissera-t-on donc plus long-temps le langage de la vérité servir d'interprète à l'effronterie et à la médisance ? et quand on peint en grotesques les dépositaires de l'Autorité et ceux qui sont chargés de transmettre au peuple la religion et la morale, quel est l'être généreux qui ne viendra mêler sa voix à ceux qui réclament contre de tels excès !

A juger les hommes par ce qu'on lit aujourd'hui dans la plupart des productions littéraires, ils sont hypocrites, ou insolens.

L'hypocrisie se décèle non-seulement dans celui qui professe une estime ou un principe qu'il n'a pas, mais encore dans celui qui, envieux du pouvoir qu'il ne partage pas, et de l'opinion publique qui ne lui est pas favorable, attaque comme par dépit, tout ce qu'il y a de plus recommandable dans un gouvernement. La philosophie a toujours été justement taxée d'hypocrisie, parce que, malheureusement pour elle, tous les écrivains philosophes ont eu contre eux, ou l'autorité, ou l'opinion. Tel est le cas où se trouvent placés tous les libellistes français, dont les clameurs s'élèvent avec tant de témérité sur le sol qui leur a donné la naissance. De tous ceux qui se récrient contre l'état actuel de la France, il n'en est pas un seul qui agisse de bonne foi, avec désintéressement et un vrai désir d'être utile, non à sa propre cause, mais à celle du peuple. Or, quel tort d'hypocrisie est plus criminel que celui qui frappe directement le trône et l'autel, qui menace une classe nombreuse et la plus respectable de la société, et qui tend ouvertement à dégrader et à corrompre les mœurs?

Quel changement s'est fait dans l'esprit humain, depuis que les productions philosophiques parcourent la terre, et répandent en tous lieux le venin meurtrier du déisme et de l'indépendance? Quel est le peuple, quelle est la famille, qui ait à se réjouir de voir la doctrine moderne l'emporter sur la foi antique de nos pères, et sur une religion si conforme en tout point aux lois naturelles et au bonheur des peuples? Qu'ont produit d'heureux, ces fruits de l'orgueil et de la présomption? Nous ont-ils rendus meilleurs, plus religieux, plus dévoués à la Patrie? Sommes-nous plus savans, plus versés dans les arts, plus doux et plus polis? Leurs dangereux sophismes ont-ils servis à diriger notre esprit vers le bien? Non; la soumission aux lois, le respect dû à Dieu et à l'autorité qui vient de Dieu, tout cela a été renversé par la philosophie; tout cela a été chassé du cœur de l'homme, qui n'est plus que le repaire des sentimens anti-religieux, et des idées anti-sociales.

L'Imprimerie a rendu des services à l'humanité. Qui le niera? Mais aussi, qui ignore que l'obligation la plus sacrée d'une administration consiste à faire ressortir autant qu'il est possible toute l'utilité d'une institution, et de couper court soigneusement à ses inconvéniens et à ses abus ; or, la liberté illimitée de la Presse ne renferme-t-elle pas des inconvéniens incalculables ? N'est-elle pas le fléau le plus terrible et le plus contagieux ? Les événemens passés, horrible souvenir quand l'esprit se le rappèle, ne sont-ils pas là pour l'attester ? La désunion que nous voyons entre les classes de la Société actuellement existante, n'est-elle pas l'ouvrage de cette Presse illimitée ? L'aigreur qui règne entre tous les partis ne lui doit-elle pas aussi quelque chose, et depuis quand avons-nous vu tant de brouilleries agiter les familles que depuis que tant d'opinions, alimentées par la Presse, se partagent le monde ?

On a voulu réconcilier la philosophie avec la monarchie ; mais c'est en vain ; un système destructeur ne peut pas marcher avec un système pacificateur ; jamais la vertu ne peut faire amitié avec le crime ; et l'intolérance, dont fait parade la philosophie, ne cadre point avec la respectueuse soumission d'un sujet envers son Roi. On tâche, tous les jours, de la disculper et de détourner de dessus sa tête le soupçon de nos calamités, mais, quoi qu'en aient dit ses amis et ses partisans, il n'en est pas moins vrai qu'elle est la cause de l'immoralité et de la dépravation qui circulent dans le corps politique et moral des nations.

Dans la grave discussion qui s'élève, on s'efforce

de séparer la cause de la philosophie, d'avec les abus
moins dangereux de l'ironie et du ridicule ; on sent
de quel poids serait dans la balance, un tel chef
d'accusation, qui ne manquerait pas de culbuter la
Presse et tous ses défenseurs. Mais les maux qu'a
faits la philosophie, rien ne les a encore effacés,
rien n'en a altéré le souvenir, ni cicatrisé les plaies :
elle n'a point encore éprouvé la vengeance que
méritent ses forfaits ; et quand elle aura subi l'af-
front qui l'attend, tôt ou tard, alors seulement nous
aurons droit de nous réconcilier avec elle, et elle,
de nous regarder avec un visage d'espérance. Folie ! la philosophie ne peut jamais se réconcilier avec
le genre humain ; car quel troupeau consentirait à
avoir un loup pour berger : et que peut espérer un
peuple sous des lois athées et indépendantes ! Qu'on
lui demande comment elle est entrée dans le monde ;
de quel droit elle s'est immiscée parmis les hommes,
et de quelle autorité s'est-elle mêlée de faire des pro-
sélytes ? Sa réponse est courte et simple. C'est la
liberté illimitée de la Presse qui lui a donné le
jour, qui l'a tirée de l'obscurité où elle était plongée
dans le cœur de l'homme qui se repaissait en silence
de ses affreux principes ; c'est à la liberté qu'elle
doit encore d'étendre et d'accroître d'une manière
bien funeste son empire et son autorité. Demandez-lui où elle a puisé l'effronterie, la malice et l'hypocrisie que l'on remarque dans toutes ses produc-

tions? C'est la liberté illimitée de la Presse qui lui a donné ce ton d'assurance, capable d'en imposer aux esprits, même les plus subtils. Demandez-lui encore pourquoi elle n'a rien épargné, pourquoi elle n'a point respecté les choses les plus saintes? C'est qu'avec la liberté illimitée les passions se font jour à travers la digue que leur oppose la vertu, et qu'avec cette fatale liberté tout genre de crime est possible.

Le mal que fait la liberté illimitée de la Presse est prompt; c'est un poison violent qui tue aussitôt qu'il pénètre, et l'esprit qui en est atteint est comme dans un déplorable enchantement dont la guérison n'est plus en la puissance des faibles mortels. Là où tout est extrême, n'attendez aucune modération, aucune justice, nul zèle pour le bien, nul retour à la vertu; tout est emporté comme dans un furieux tourbillon; tout se débande, éclate et se bouleverse. Quoi de plus destructeur, de plus ennemi de l'ordre, que cette facilité extrême de mal dire? Cette liberté ne connaît ni tempérament, ni modification; vainement on attendrait cela des hommes, ils ne savent point se modérer quand ils ont entre les mains tant d'armes puissantes et victorieuses pour terrasser leurs ennemis. La tempérance est un vice dans l'incrédulité qui, partout où elle pèse, écrase et déchire. Les ennemis de la religion sont d'autant plus acharnés contre elle, qu'ils en connaissent mieux les admirables effets, et la tendance naturelle qui y porte les peuples quand ils sont instruits et éclairés.

Pourquoi s'oppose-t-on au zèle des ministres de la religion, qui n'ont d'autres vues que faire refleurir dans l'État la morale et les mœurs? Pourquoi le tribunal de l'inquisition philosophique ose-t-il anathématiser la prédication de l'Evangile, qui a été prêché par le grand Législateur du monde lui-même? Certes, jamais la religion, à sa naissance, n'a eu des ennemis plus acharnés à sa perte, plus dangereux et plus sanguinaires. Qui a pu exciter ainsi la rage des ennemis de la foi? Qui a pu alimenter en eux une soif si ardente de la vengeance et de la destruction? Leur fureur vient-elle de ce que la religion est plus puissante que la philosophie? Vient-elle de ce qu'elle a une origine plus divine? Vient-elle enfin du bonheur dont jouissent les peuples assis à l'ombre salutaire de ses ailes? Il n'y a pas un seul genre de fureur que n'ait commis l'impiété pour détruire son auguste rivale. Mais la religion est, à toutes ses attaques, aussi inébranlable qu'un rocher, au pied duquel on voit les flots de l'Océan venir se briser avec fracas. La persécution, les outrages, les coups tombent sur les gens de bien; mais la religion n'en reçoit aucune atteinte, elle sort toujours glorieuse de la lutte qu'on lui livre, et aujourd'hui, plus qu'en aucune autre circonstance, elle, doit triompher de ses audacieux ennemis. Sa cause, placée au pied du trône, sera défendue par tout ce que le pays le plus éclairé et le plus sensible à la gloire ; a d'hommes vertueux et zélés pour le bonheur du peuple.

La philosophie, habile à saisir toutes les apparences de l'utile et de l'honnête, se présente aujourd'hui sous la figure de la littérature éplorée, qui réclame, en gémissant, les secours des hommes amans des lettres. Voyez-la, ce n'est plus cette furieuse Tisiphone qui court embraser le monde de la discorde et du fanatisme. Elle ne montre plus les affreux serpens qui sifflent sur sa tête. Elle jette un voile sur les victimes immolées à sa rage, et dont le sang est resté sans vengeance ; mais, cachée sous le manteau respectable et sacré des belles-lettres, elle ose se présenter aux yeux du monde. L'hypocrite ! elle veut s'attribuer des services qu'elle n'a jamais rendus, une civilisation à laquelle elle n'a jamais contribué, des vertus qu'elle n'a jamais possédées ; que sais-je enfin, des consolations qu'elle n'a jamais données.

Séparons la cause des lettres d'avec celle de la philosophie. Quand on l'examine, il est facile de la distinguer. Dans une posture de suppliant, on lui découvre les yeux de l'orgueil et de l'arrogance ; ses prières se sentent de l'amertume de son cœur, et pendant qu'elle prie, elle jure en elle-même la perte de ceux dont elle implore la clémence. Son audace sera extrême, si on proclame de nouveau, à la face de l'univers, qu'elle est libre ; alors, une seconde fois, elle se plongera dans l'abîme des vengeances et des vexations, alors nous la verrons ceindre sa tête de bandelettes ensanglantées, et s'entourer de nouveau de victimes immolées à son fanatisme.

Dans l'agitation où nous en sommes, il n'y a point de ménagement qu'elle puisse garder, il faut qu'elle règne en souveraine, ou qu'elle soit foulée aux pieds ; la philosophie est trop ambitieuse pour partager la terre en portions égales avec la justice et la religion ; elle est trop intolérante pour laisser en paix les gens de bien, et trop envieuse pour voir tranquillement régner la vertu. Son élément est l'anarchie, parce que ce n'est qu'à l'aide du trouble qu'elle parvient à semer, et recueillir les fruits de ses maximes et de ses intrigues.

Il en est bien autrement de la littérature : elle ne produit rien qui ne soit agréable et avantageux ; elle est le plus délicieux délassement de l'esprit de l'homme ; l'étude, qui exerce la plus précieuse de ses facultés, et qui, en lui apprenant la connaissance de soi-même, lui apprend encore celle de connaître et de gouverner les autres. Rien n'est plus différent que la littérature et la philosophie :

l'une console des infortunes, de la pauvreté, de l'injustice des hommes ; la philosophie n'a d'autre soutien, dans de tels malheurs, qu'une indifférence égoïste et privée. Les lettres adoucissent les mœurs ; la philosophie endurcit l'esprit : la littérature se consacre à la défense et à la louange de tout ce qu'il y a de beau, de grand dans le monde ; la philosophie, au contraire, ne se dévoue qu'à l'abjection, en s'efforçant de prouver des choses contraires ou à la nature, ou aux lois divines, ou aux sages conventions établies dans la société. La philosophie emprunte beaucoup des lettres, elle les étudie, mais les ornemens sacrés qu'elle leur dérobe, elle les fait servir aux honteuses passions de son esprit, et elle en embellit la coupe empoisonnée qu'elle présente au monde ; car, tel est l'esprit de la philosophie, de chercher à éblouir, avant que de chercher à corrompre.

La loi répressive de tels excès est donc une loi amie de l'humanité, une loi protectrice des lettres, de la religion, des mœurs, et de toutes les vertus.

L'esprit ne se gouverne point comme le corps. Quoique corrompu, les lois humaines ne peuvent l'atteindre ; mais ce que l'autorité doit empêcher, c'est que la corruption individuelle ne devienne générale, et ne gangrène tous les membres de la société. L'esprit est indépendant, mais ses actes sont dépendans des lois ; ses pensées ne peuvent point être réprimées, mais la licence de ses paroles doit être punie ; car, si la prudence ordonne de museler une bête féroce, quel être, plus que l'esprit, ne doit pas être retenu et emprisonné !

La liberté illimitée de la Presse est un mal général ; il n'est pas funeste seulement à un pays, mais il s'étend à tous les pays, à toutes les contrées de la terre. Il ne pénètre pas seulement dans une classe de citoyens, mais il est contagieux pour toutes les compagnies et tous les corps de l'État. Ce poison funeste est accommodé à tous les caractères et à tous les tempéramens, et il n'est pas besoin d'être riche, savant, ou de haute naissance, pour en éprouver les mortels effets. Si l'on considère la nature et les symptômes d'un mal si violent, on ne sera point étonné des désastres affreux qu'il cause tous les jours à la société ; il s'empare de l'opinion qu'il tourne et maîtrise à son gré ; il dénature les idées, exalte les mouvemens du cœur, comme la loi irrésistible de la nature, jette le ridicule sur ce qu'il ne peut autrement attaquer, fait le procès de tous les gens de bien, et excite à la révolte, en prêchant l'indépendance et l'irreligion. Un seul de ces motifs aurait suffi autrefois pour armer nos pères contre un attentat si criant ; mais aujourd'hui l'incrédulité a des partisans jusqu'au pied des trônes, jusque dans le sanctuaire de

la justice. Autrefois un faux philosophe aurait subi
la peine d'un vil séducteur ; aujourd'hui, peu s'en
faut qu'il ne soit reçu, honoré de tout le monde, et
qu'on ne le regarde comme un défenseur de l'humanité, un apôtre de la vertu.

L'état moral de la France est effrayant pour qui-
conque pèse l'avenir au poids des évènemens
passés. L'amour du bien public n'existe plus que
dans un très-petit nombre d'hommes ; encore veut-on
enchaîner leurs actions, en calomniant la pureté de
leurs intentions. L'égoïsme seul s'est emparé de
tous les cœurs ; il règle toutes les ambitions, tous
les motifs, tous les partis ; tout ce qui blesse l'intérêt personnel est vivement attaqué sur tous les
points. Quoi ! ce vil intérêt se montre aussi, dans
les lettres ! Quoi ! l'affreux égoïsme entre aussi
dans les belles productions du génie ! Mais, ne
dit-on pas toujours la république des lettres ? Ou-
blie-t-on que, dans une république, moins que
dans tout autre gouvernement, il n'y a point d'intérêt personnel !

Laissez agir chaque homme en particulier, laissez chaque individu chercher et prendre tous les
avantages nécessaires à son bonheur personnel, et
voyons si un tel ordre de chose apportera au
monde plus de tranquillité, plus de félicité et plus
de vertus. Hélas ! il est facile de se représenter le
désordre et les fureurs d'un tel gouvernement.

L'intérêt personnel est un terrible dissolvant qui désunit et rompt tous les liens sacrés qui unissent les hommes avec les hommes, les familles avec les familles, les nations avec les nations. Quelle chose peut être sacrée pour l'individu qui s'isole de la société, et qui, dans son égoïsme philosophique, s'imagine que le bonheur personnel est la première de toutes les choses que l'homme doive rechercher. Un tel être est un monstre destructeur de tout principe, et qui ne peut avoir d'autre place que dans le fond d'un désert, au milieu des bêtes farouches dont il partage tous les vils penchans.

La nature a mis dans le cœur de l'homme un besoin essentiel, une loi qu'il ne peut entièrement violer ; c'est la nécessité de communiquer avec ses semblables ; nécessité qui se fait sentir même dans les êtres privés de toute société et de tout commerce. Or, cet arrangement de la nature est appuyé sur une autre loi non moins sacrée, non moins irrésistible, celle qui porte tous les êtres doués de la raison à concourir, autant qu'il est en eux, au bien général de la société dont ils font partie ; or, cette loi est opposée à l'intérêt personnel, qui détruit, dans le cœur de l'homme, la propension que la nature y a mis pour le bien général, qui secoue les chaînes de la religion et de la conscience, qui anéantit enfin la foi du serment, le respect et la fidélité. Toutes les fois que vous

(24)

voyez l'intérêt personnel s'immiscer dans une institution, de quelque nature qu'elle soit, défiez-
vous-en, elle ne saurait être utile à une nation,
avantageuse à aucun corps; elle doit être, au contraire, tôt ou tard, la source d'un mal d'autant
plus terrible que l'intérêt personnel s'y trouve plus
engagé. Voilà ce qui rend les innovations si dan-
gereuses, et les révolutions si effroyables, car une
loi nouvelle, quelque bonne, quelque nécessaire
qu'elle soit, n'est pas sans choquer les intérêts d'un
grand nombre de particuliers; or, ces intérêts particuliers doivent-ils être ménagés ? Oui, sans doute,
en adoucissant, autant qu'on le peut, l'esprit et les
dispositions' de la loi qu'on établit, mais, ces intérêts étant, pour l'ordinaire, les résultats des excès
et des abus, ne sont point assez puissans pour
empêcher l'établissement d'une loi utile. Il faut
que ce qui doit procurer un bien général l'emporte
sur ce qui ne produit qu'un avantage particulier,
autrement le monde ne serait plus monde, et les
hommes seraient mille fois pires que les monstres
*qu'on nous dépeint acharnés contre leurs vic-
times* (1).

On demande si l'on doit toucher aux institutions
établies et jurées? L'homme a-t-il la perspicacité
d'un dieu? Peut-il voir clairement dans l'avenir si les

____
(1) Voltaire.

hommes, toujours fidèles aux lois de l'honneur et de la vertu, ne se livreront jamais au relâchement ou aux excès? Peut-il juger par le présent de ce que seront les temps futurs? Connaît-il les événemens à venir? Le caractère de ses concitoyens lui répond-il de celui de la postérité? Non, rien de tout cela. L'homme n'est ni un dieu, ni un génie habile à démêler le secret des nations futures; il peut bien porter ses regards prévoyans jusqu'à un certain laps de temps, devant lui; mais il ne peut aller plus loin. Le temps seul, qui change tout, lui apprend les progrès ou la rétrogradation des peuples, la perfection ou la perversité des sociétés. Avec le temps, tout change : les caractères, les mœurs, les usages; ce qui était bien devient souvent mauvais; ce qui était bon et salutaire dans un temps, cause souvent la ruine d'un État dans un autre. Alors, que doit faire le législateur? Instruit par l'expérience du passé, ne doit-il pas travailler au bonheur des peuples, selon les circonstances? Ne doit-il pas abroger les lois que le temps a rendues inutiles; faire revivre celles que le moment rend nécessaires; et enfin, corriger les abus de celles qui sont en vigueur. Tels sont les droits et les devoirs de ceux qui sont placés à la tête d'une administration; droits incontestables, puisqu'ils sont fondés sur les intérêts et le bonheur des peuples.

Mais laissons ces vérités, d'ailleurs trop bien

prouvées pour qu'un homme sage s'y arrête, et revenons aux cris injurieux et aux doléances des défenseurs des libertés littéraires.

Toutes leurs frayeurs se portent sur l'appréhension que le projet de loi n'éteigne l'esprit en France. *Ah! quelle peur!* Ils ont tous pris les armes! Ils se sont armés de pied en cap contre la loi appelée *Vandale!* Tout présente parmi eux un aspect hostile! Ne dirait-on pas que la France est menacée d'une nuée de barbares, prêts à fondre sur elle et à l'envahir; ne dirait-on pas que leurs propriétés leur sont arrachées, qu'on les dépouille de leurs titres, et que ce jour est le dernier de la gloire des Lettres Françaises? Qu'on me demande quelle peut être la cause de ces signes menaçans qu'on voit sur tous les visages, de cette indignation qui les rend si insolens et si furieux? Je répondrai, que c'est le dernier cri du démon de l'impiété et de l'anarchie, expirant sous les justes coups de la raison et de l'Autorité. Oui, avouons-le hardiment, car les esprits en sont à un tel point d'exaspération, que chacun ne peut plus se cacher ses propres vérités; oui, celui qui réclame la liberté illimitée de la Presse veut l'anarchie, et vote pour l'anéantissement de la religion et des mœurs.

La liberté illimitée de la Presse ou renferme des inconvéniens incalculables, ou elle n'en renferme point du tout; or, si elle en renferme, comme les romans, les livres philosophiques, les libelles et les pamphlets en sont une preuve bien funeste pour le genre humain ; pourquoi s'oppose-t-on à ce que l'Autorité remédie à de tels excès ? Depuis quand ne s'efforce-t-on plus d'éteindre un incendie dévastateur qui consume les maisons des citoyens, et qui menace de tout détruire ? depuis quand n'élève-t-on plus des digues le long des fleuves et des torrens, pour protéger des inondations la terre qui porte dans son sein le germe précieux de notre existence ? Et quand l'esprit en recevrait quelques légères atteintes, ne voit-on pas dans la tempête, lorsqu'un navire est menacé d'être englouti sous les flots, les passagers jeter dans la mer tout ce qu'ils ont de plus précieux, pour alléger le vaisseau et éviter un triste naufrage ? Le bonheur, le repos des peuples, la conservation de la religion et des mœurs, l'obéissance aux lois, le respect dû aux magistrats et au chef suprême de l'autorité, toutes ces choses sont-elles moins préférables que le plaisir de lire les productions d'un esprit effréné dans ses pensées et dans ses maximes ! Et pour procurer au peuple le stérile passe-temps de rire des fades plaisanteries d'un esprit sottement bouffon, doit-on exposer un Gouvernement à tomber en anarchie et en révolution !

On n'en veut point à la littérature, mais aux libelles, aux propos séditieux ; on n'en veut point aux

gens de lettres, dont les travaux sont voués à l'utilité publique, mais aux nouvellistes, sortes de gens
très-inutiles à l'État, suivant Montesquieu ; jamais,
en France, on n'anéantira les productions du génie ;
le règne des Bourbons n'est point celui des califes
de l'Orient. Notre grand et auguste Monarque a
donné trop souvent des preuves de sa sollicitude
pour le bonheur et la gloire de son peuple, pour
que nous concevions l'injurieux soupçon qu'il né-
glige l'honneur des lettres françaises. La protection
des lettres est attachée à la noble et antique dynastie de nos rois, et si nous ne voyons pas, en ce siècle, un aussi grand nombre d'hommes illustres four-
nir la carrière des belles-lettres, que dans le siècle
du grand Roi, n'en soyons pas surpris, c'est à la
liberté illimitée de la Presse que nous devons la
marche rétrograde de la littérature. Oui, sans doute,
c'est depuis que l'on permet à l'esprit de produire
tant d'ouvrage pernicieux dans tous les genres, que
l'on voit la tournure défavorable que prend chaque
jour la littérature. Car la facilité extrême que l'on
a de produire un livre à la lumière, dispense la plupart des hommes de se livrer à une étude profonde,
à des réflexions sérieuses, à une manière de juger
plus saine, plus appliquée et plus zélée pour le
bien public. Et comment supposer les hommes assez maîtres d'eux-mêmes pour résister aux enchan-
teresses amorces de l'intérêt et d'une certaine re-

nommée , quand les passions parlent à leur cœur, quand tout frein leur est ôté, et qu'ils ne sont plus retenus par la religion. Un des plus fameux défenseurs des libertés littéraires se plaint lui-même du trop grand nombre de jeunes auteurs qui jettent dans le public des productions que la sagesse et l'étude n'ont point encore assez perfectionnées (1).
« *Dieu nous ramène au siècle des pédans !* s'écrie-t-il dans son noble enthousiasme, *trente Vadius ne feront jamais autant de mal aux lettres qu'un écolier en bonnet de docteur.* »
Les voilà donc tous condamnés, ces futiles , ces dangereux écrivains ! Leur arrêt est donc prononcé ! Et par qui ? Par celui qui réclame aujourd'hui pour eux un droit dont sa plume a été forcée de déplorer les funestes conséquences.

La loi qui réprime les abus de la Presse serait sans doute trop rigoureuse, si elle portait atteinte à ces génies de la France, brillans flambeaux à la lueur desquels tous les écrivains doivent marcher;

______

(1) Les véritables gens de lettres gémissent en voyant cette nuée de jeunes auteurs, qui auraient peut-être du talent s'ils avaient quelques études. Il faudrait se souvenir que Boileau lisait Longin dans l'original, et que Racine savait par cœur le Sophocle et l'Euripide grecs. Dieu nous ramène au siècle des pédans. Trente Vadius ne feront jamais autant de mal aux Lettres qu'un écolier en bonnet de docteur.
M. DE CHATEAUBRIANT, *Itinéraire de Paris à Jérusalem*, Tom. II, p. 289, 3.ᵉ édition (note).

elle serait trop répressive, si elle touchait à ces
belles compositions, fruits merveilleux d'une imagination vive et ornée , et qui peignent si bien le caractère national. Mais là-dessus tous les cœurs sen-
sibles , tous les véritables gens de lettres doivent
être sans inquiétude ; l'esprit de la loi est plus doux
que le vandalisme, ses effets ne seront point ceux
de la destruction et de la mort. Elle n'attaque la
liberté, que pour la liberté ; elle ne la retranche
d'un côté que pour l'étendre de l'autre ; elle ne lui
ôte · la funeste faculté de faire le mal , que pour
lui donner plus de latitude pour faire le bien.
Si elle enchaîne la pensée, ce n'est qu'en tant
que cette pensée devient pernicieuse à la société ,
et si elle écrase le génie, ce ne peut être que le
mauvais génie qui souffle à la terre l'immoralité
et la rebellion. Les travaux seuls des grands
hommes s'élèveront sans obstacles, et, ainsi que
les fières pyramides des plaines de Memphis,
ils seront les seuls durables, les seuls éternels !

La liberté illimitée de la Presse, d'accord avec
les passions, ne conspire pas seulement à séparer
le peuple de la religion et des mœurs, mais encore
elle mine sourdement les bases de l'Autorité ; elle
attaque et elle fronde tout ce qui contrarie, tout
ce qui s'oppose aux progrès rapides que font les
peuples dans le mal, sous la funeste influence de
cette liberté illimitée. Prenons-y garde et trem-

blons; la rage de ces ennemis furieux ne tombe sur les Ministres du Roi, que pour se porter ensuite avec plus d'audace contre le Chef suprême de l'Autorité. Ah! prévenons de si grands désastres! Le trône est-il déjà tellement affermi, que nous n'ayons plus jamais à redouter les trames de l'irréligion et de la philosophie! Devons-nous nous fier entièrement à l'horreur qu'inspirent les atroces exécutions de la révolution, pour ne plus craindre désormais de semblables malheurs? Laisserons-nous agir les puissans ennemis de la religion et de l'ordre? Non; s'il est une occasion où les vrais amis de la monarchie doivent donner une preuve éclatante de leur dévouement pour la cause de la religion et du Roi, c'est dans ce moment, où le triomphe de l'indépendance et de l'impiété nous menace avec tant d'insolence; car, malheur à nous si nous sommes vaincus, et malheur à ceux qui sont auprès des peuples les sacrés intrerprètes de la foi!

C'est ici que les peuples sont dans l'attente, que tous les partis sont en suspens: deux nobles Chambres, les deux plus illustres compagnies de la terre, vont prononcer. Eh! sur quoi! sur la religion éplorée, qui réclame, à genoux, le tendre intérêt que prétend lui enlever son infâme rivale; sur une nation soumise, qui, après plus de trente années de gémissemens et de sacrifices, demande qu'on lui conserve la foi antique de ses pères, et la dynastie

-chérie de ses augustes rois ; sur la morale , dégra-
dée par des écrivains sans pudeur ; sur les mœurs,
que l'on s'efforce de dépraver ; sur le respect dû
aux dépositaires de la justice et de l'autorité, que
l'on veut anéantir. Tous les esprits , toutes les
opinions ont les regards attachés sur les deux corps
législatifs au soin desquels le bonheur de la France
est si justement confié. Cette cause est digne des
sages législateurs qui vont la juger et l'approfondir;
tout annonce que cette lutte sera mémorable. Certes, les clameurs de nos furieux adversaires auraient de quoi faire frémir les zélés amis de la
justice et de la vérité, si nous n'avions encore à la
tête de cette France, si illustre et si malheureuse, des
juges courageux et intègres. C'est aux pieds des
nobles et magnanimes Pairs du Royaume, que tous
les gens de bien déposent la cause de la Religion
et de la Monarchie ; c'est à la tribune des ho-
norables Députés des départemens, que la justice,
tant de foi proclamée, doit encore aujourd'hui sor-
tir pleine de gloire , des assauts de ses puissans ennemis ; car c'est aux lèvres augustes de l'illustre élite
de la noblesse et des citoyens qu'il appartient de
prononcer l'arrêt solennel qui condamne à jamais
l'erreur et le mensonge à rentrer dans la nuit téné-
breuse de l'oubli.

FIN.